JN436606

오늘의문학시인선 399

내 안의 그대

최자영 시집

오늘의문학사

국립중앙도서관 출판시도서목록(CIP)

내 안의 그대 : 최자영 시집 / 지은이: 최자영. -- 대전 :
오늘의문학사, 2017
p. ; cm. -- (오늘의문학 시인선 ; 399)

ISBN 978-89-5669-855-7 03810 : ₩9000

한국 현대시[韓國現代詩]

811.7-KDC6
895.715-DDC23 CIP2017026820

내 안의 그대

■ **서시**

수족관 속 금붕어

물 밖을 몰라요
세상을 몰라요
나는 귀머거리 벙어리 눈뜬 봉사

보이는 하늘만 올려다보며
숨 쉬고 춤추며
꼬리치고 흔드는
하릴없는 놀이에 마냥 흥겹지만

사시사철 유리병 속
관습은 웃자라
때 낀 미련만
푸르게 침잠하고 있어요.

물레방아는 도는데
미궁 속 꿈들이 흔들리는데
뻐끔거리는
말없음의 숨통트기

날고 싶어요.
가슴에 비수 하나 품듯
의지의 푯대 하나 꽂은 채
빛나는 슬픔의 비늘 털고 싶어요.

금빛 날개가 무슨 소용이리.
한가로운 몸놀림
여유롭지 못한 나의 뿌리
휘황한 불바다 속
너풀거리는 구속이여
덫에 걸린 자유여.

제1부 새치를 뽑으며

제2부 내 안의 그대

제3부 잔설

제4부 무 밭에서

제5부 중학동 일기

제1부

새치를 뽑으며

허물고 싶었네.

뽑아도 그 자리
그대로 와 앉는 가시
살아있음의 잔가지들
떠나보내고 싶었네.

만추

설핏 설핏 이승을 스치는 눈발
내 죄의 목에
무거운 칼 하나 씌우고

서걱이는 억새풀
마른 소리로
빈들에 쌓인 좌절을 쓸어내는데

빈 마음 널어놓고
부슬 부슬 헐려나가는 예배당
나의 예수는 어디로 가나

새치를 뽑으며

허물고 싶었네.

뽑아도 그 자리
그대로 와 앉는 가시
살아있음의 잔가지들
떠나보내고 싶었네.

손을 튼 채
잠들지 못하고 서성이는,
문득 돌아와 떠는 어지럼

불씨 하나
깊이 감추어 두고
저려 하는 깨달음은

아
이제야 알겠네.
무수히 찢겨 나간 시간의
저 허망의 벽을 뚫고
강물에 뜨는 내 그림자임을,

허물고 싶었네.

샘터에서

비늘을 벗긴다.
살갗이 환하게 드러나도록
하얗게 아침을 벗긴다.

퍼덕이는 새떼로 바람은
눈을 비비며 날아올라
떠나는 사람이나 머물 사람들
하루치의 은혜를 골고루 얹어 주고

한 가닥 인연의 줄을 거머잡고
가슴마다 풀다가
자리를 찾아 다시 제 곳에 앉는다.

퍼내어도 마르지 않을 샘터
그 안에도 하늘은 있어
별이 쉬고 달이 쉬고

이 가슴 언저리에
한 그릇의 생수를
푸짐하고 싱그러운 물줄기를
잃었던 얼굴 하나로 젖게 해준다.

갱년기 · 3

낡은 주머니 속에

지난날의 부스러기만 남아

기차표처럼 만지작거리며

깃발 펄럭이는 길을 가다

간이역에 멈춰 서

시간이 쉬다 가길 바라네.

꽃이 지는 울고 싶은 저녁

거울 앞에서

화장을 지운다.
물처럼 흐르는
근심의 줄기를 꺾는다.

푸른 잎에 스며들어
옥죄는 주름살의
가랑가랑한 목소리
시간의 이끼를 뜯어낸다.

저 잡티 투성이
손수건 흔들며
밤은 비를 내리고
소금기 절은 눈에 질금거리는
내 비망록
어디서 후줄근히 젖고 있을까

미움을 지운다.
덧바른 겉치레
향기에 절은
이름을 벗어 놓는다.

건망증에 갇히어

잊을 수 없는 것들 속에서
나를 건져내 생각하다가
먼 산 바라보며
또 한 가지를 잊고
어눌한 망상의 숲에 빠진다.

눈을 비비며 바라보아도
흐려 보이는 날들
굴곡진 땅에 우둑우둑 떨어지는
저녁햇살 혼란을 부르고
어둠 저편의 별을 더듬는
나는 누구인가

어지러운 삶
건망증이 때로 보약이 되리
다 털리고 상상의 울안만 서성이다
나를 온전히 잊을지도?

모호한 얼굴 하나
빛조차 출구를 찾지 못한
굴종의 미아가 되어 춤을 춘다.
길이 보이지 않는다.

나는

내 탓이오 후회하며
또 탓을 만드는 여자

갠 날 흐린 날
표정이 없는 여자

늘 지각해 혼자 달리는
꿈을 꾸는 여자

맨발인 채 헛디딘 시간 밖을
서성이는 여자

자라는 슬픔을 아파하면서
그 슬픔의 등을 쓰다듬는 여자

기분 좋은 날

은발을 나부끼는 석양 무렵
젊은 날 홀연히 떠났던
풀빛 꿈 다시 만나듯
몇 십 년 전 옛 친구
우연히 만난 날

남루한 평화

사는 일 바라보기에 따라
원으로 세모로 네모로 보인다.
한쪽 눈을 가리고 반쯤만 보기도 하며
양쪽 눈을 부릅떠 볼 수도 있다

한쪽만 바라보며
성내고 웃고 울며
가득함에 혹은 빈곤함에
대못 질을 하며 자학하기 얼마였던가.

주변머리 없이 옆도 뒤도 볼 사이 없이
걷다 뒤돌아보니
유행가 가사만 널브러진 길 위에
허수아비 하나 덩그러니 서 있다

사는 일
바라보기에 따라
남루함도 가득한 평화임을
알아가는 나이가 되었다

혼자 가는 길

비, 안개를 타고 축제를 벌이던
꽃잎이 진다.
안개는 클래식 선율 속으로
그대를 놓아 보내라 한다.
공중으로 뛰어오른 해
쓸데없는 아집을 버리라 재촉한다.
그대는 내게 지울 수 없는
아픈 꽃인 것을
서러운 슬픔인 것을
허물어지는 사랑
이슬을 털듯
도시의 야경처럼 빛나던
추억의 불빛을 끄기 시작했다.
아직 남아 있는 햇살 속으로
혼자 가는 길
비로소 손잡기 시작한 허무
비워짐이 가벼움이란 것을 알아간다.
하지만 어이할 거나
아직도 철없이 신열에 들떠
빨갛게 달아오르는
내 사랑을.

손수건 · 2

너와의 만남은 아무래도 아름답다.

추억 한 줌
반성 한 다발
모두를 싸안고 고이 접히는
속 깊음을 누가 알까

배려와 용서 화해와 사랑을
헝겊 한 조각에 담아
흔드는 슬픈 일

너와의 만남은 여전히 아름답다.

말하는 허수아비

애초엔 말이 필요 없었지
허름한 광목천 너풀거리며
젊잖게 고개 끄덕이면 되었지.

팔 흔듦 한 번에 참새 떼
천리만리 줄행랑을 놓았지
불에 덴 듯 무서운 몸짓이었지.

언제부턴가 어지러운 태풍이 지나고
허수아비 옷이 번쩍이기 시작했지
귀걸이, 목걸이, 치렁한 머릿결
바람을 타고 출렁였어.

이제 손짓 발짓이 통하지 않았어
새들은 머리 꼭대기 올라 앉아
유유자적 약을 올리기 시작했지
사시나무 떨기로 흔들렸어.

날개를 잃어버린 허수아비
눈에선 눈물이,
코에선 콧물이,

입에선 함성이,
살아남기 위하여
떳떳해지기 위하여
소리치기 시작했지.

우렁찬 목소리
산을 울리고, 들을 울리고
오만과 방종이 가득 찬
오장육부 뒤집어 보였지
빈 목소리를 높였지.

그러나 그 옛날 젊잖게 끄덕이던
고갯짓이 그리운 노쇠한 허수아비
해는 지고
밤으로 치닫는 어둠을 향해 눈 뜨는
날 선 울음소리를 들으며
절망의 늪 깊이 쓰러져 눕는다.

수족관 속 금붕어

물 밖을 몰라요
세상을 몰라요
나는 귀머거리 벙어리 눈뜬 봉사

보이는 하늘만 올려다보며
숨 쉬고 춤추며
꼬리치고 흔드는
하릴없는 놀이에 마냥 홍겹지만

사시사철 유리병 속
관습은 웃자라
때 낀 미련만
푸르게 침잠하고 있어요.

물레방아는 도는데
미궁 속 꿈들이 흔들리는데
빠끔거리는
말없음의 숨통트기

날고 싶어요.
가슴에 비수하나 품듯

의지의 푯대 하나 꽂은 채
빛나는 슬픔의 비늘 털고 싶어요.

금빛 날개가 무슨 소용이리.
한가로운 몸놀림
여유롭지 못한 나의 뿌리
휘황한 불바다 속
너풀거리는 구속이여
덫에 걸린 자유여.

나의 바람은

또다시 불기 시작했다
향방을 알 수 없는 나의 바람은
팻말도 문패도 없는
수천수만의 산과 바다 섬을 떠돌다
내 곁에 돌아왔느니

빈 호주머니에 살아 온 50년
터 잡은 허욕뿐
불면의 찌를 놓던
시간의 외진 휴전선을 돌아
나의 길을 막아섰구나.

비가 내리고 눈도 내렸지
하얗게 날선 적의의 칼날 번득이며
텅 빈 내 빈 잔에 눈물을 쏟아 붇듯
소인 없는 편지를 띄운다.

가슴에 쇠못을 쾅쾅 박아놓고
까만 절망의 비명을 내지르며
달려간다, 나의 바람은
아득히 먼 가질 수 없는 나라로.

허수아비 · 3

하릴없이 흔드는
헐렁한 소맷자락에
바람이 눈 씻고 달아난 들판

발 시린 참새 떼
감싸줄 호주머니 열어놓고
비를 맞는다.

바람도 머물지 않는 빈들에
온 마음 털어놓으며
모든 것 용서하리라

한껏 너그러워 보이는
내 허깨비
한줌 퇴비로 쓰러지려는가!

이웃

고향 집 탱자 울
사립 위에 제사 밥 얹혀 오던
인정의 바람 소리
어디로 갔나.

한을 접어 넣어
생애를 꿰매던
할머니의 허기는 사라졌지만
시대의 아픈 상체기
어루만질 가슴에
촘촘한 단추를 달고
달팽이처럼 웅크리기 시작했지.

하늘로 치솟는 자만
물구나무로 서서
우리가 닿을 수 없는
세상 한쪽을 흘겨보면서
단단한 인연의 줄을 끊어버린
높은 담장
독한 향기로 몸 푸는

장미가 지키고 있다
텅 빈 가슴을 찌르고 있다.

손톱 밑 가시의 아픔만을 확인하며
바깥세상엔 곧잘
눈을 감는 이기심이여,
가슴에 매단 자물쇠가 무거움을
알아야 하리.

못 견딜 그리움으로 보채다가
못 견딜 미움도 없애버리는
맵고도 힘찬 피의 진함을,

기억을 잊기 전에 다시 화해하고
물이듯 어우러질
섭섭잖은 우리들의 결별이,

가만히 사랑에 눈 떠
진한 아픔으로 차오르는
사랑이여.
기쁨이여.

분수

진실의 명주 올을 잣고 싶어라
청청한 천 갈래 만 갈래 길
욱일승천 하다가
보이지 않는 바다 한쪽 보기 위해
솟아오르고 싶어라.

눈부신 빛살을 식히며
떠도는 신열
시린 물줄기로 솟아
소금기 절은 나날
별로, 달로 뜨거운 목숨으로
망울져 내리는 아픔

비로소 승화하는
수천수만의 푸른 날개
생성의 기쁨으로 날리는 꽃가루인가
따가운 빛살
정수리를 차고 쏟아지는 발원인가.

낮 달

떠날 자리 떠나지 못하고
서성이는 어머니
무거운 짐 아직 못 벗으셨나요?

미루나무 가지 끝에 매달려
주름살 골골에 박힌
이승 굽어보며
시나브로 시드는 꽃

그림자로 떠도느라
애 삭히며
눈 못 감나요?

구름 속에 한숨 감추고
희미한 목숨의 거울 닦으며
적막하게 웃는 하늘

흔들리며 가는 마흔 굽이 물살 위에
마른 장작 불 지펴
가난한 승천 꿈꾸는
딸의 입지 지키고 계신지요?

머플러

넉넉한 하늘에
복사꽃 분분한
봄 빛살 한 줄기
수채화를 그려놓고
귀 쫑긋 입 쫑긋
고향 언덕에
나풀대는 호랑나비

항아리

아직 채우지 못한
빈 울림

안으로의 넓이와 깊이를 버려둔 채
부질없는 약속의 한 끝을 따라
일어서는 징소리
둥 둥

밖으로 내달리는 소리 거두어
안으로 오므리어
청빈의 기를 세워
환한 완성을 꿈꾸는 미완

주면서 채우면서
내 속은 활화산으로 솟고
몸살 나게 뒤채다가
또 다른 사랑 하나로
올곧게 일어선다.

제2부

내 안의 그대

입김 불어 다시 살릴까
부채질해 다시 피울까
간간히 무너지는
너의 모습 흐려 질까봐
밤새워 거울을 닦고 닦았지

그리움 · 1

텅 빈 간이역에 머물다 가는
바람의 여윈 뒷등
망망하게 바라보고 서서
제 그림자 걷어 들이는 일
연습해도
마침표는 찍을 수 없네.

내 안의 그대

재가 되기엔
너무 뜨거운 숯이었지
불이었지.

입김 불어 다시 살릴까
부채질해 다시 피울까
간간히 무너지는
너의 모습 흐려질까 봐
밤새워 거울을 닦고 닦았지

늘 그 자리
비껴 설 줄 모르는
눈빛은 말이 없고
나 또한 물러서서 바라보라 이르는
화석이 된 내 안의 그대

덧없는 약속이지만
간절히 그대를 부를 때
스스로 하나 되어
안녕이라 말하지 못하네.

아직은 식지 않은
햇살 한 줌 집어 들고.

사랑한다는 것은

잊는 것이다.
놓아 버리는 것이다
그러면서도 잊을 수 없는 것은
가슴 샘에 깊이 묻어 두는 것

박제 되지 않은 생.
싱그러움 깊이 감추어 두고
몰래 몰래 생각 속에
불러들이는 것이다.

불러들인 사랑은
누군가의 가슴에 녹아내린
소금이 되어 삼삼하게 풀어지는 것
미움도 원망도
그림자조차 남기지 않는 것이다.

손수건

흔들림이 내 뜻이 아닌 것을
보내는 것이 내 마음 아님을
아는가, 그대여
내가 나 아님을

아주 돌아서진 말게나.
부디 아픈 가슴 너 뿐이 아니니
얼룩지는 눈물이 아니길
쏟아지는 슬픔이 아니길

하얀 깃발로 펄럭이는 꿈이거라
빨간 꽃잎으로 휘날리는 사랑이거라
취하여 나는 기다리리니
하늘 끝 차오르는 그리움으로.

사랑

1.
백지 위의 두 줄
푸른 줄 따라
오차 없이 걸어가는 길

2.
별을 보듯
막막한 눈빛으로
바라보는 일

3.
무시로 보채는 불길
간절한 기도로 다독이고
아득히 생각하는 일

5.
가지런히
벗어 놓은
신발 한 켤레

6.
어둔 밤하늘에
수정 불 켜들고 앞장 서는
별

7.
가까이 다가서면
다가 선 만큼 물러서는
안개

9.
혼자 앓다
혼절해 쓰러진
햇빛

11.
가까이 있으면 풀잎
멀리서 바라보면
꽃

다시 사랑

13.
저고리 앞섶에 숨은
오밀 조밀한
부끄러움.

14.
뛰어 달아나도
끝없이 따라다니는
그림자

15.
화안한 두근거림의
저녁놀 빛
황홀

16.
파장된 장날 어스름 녘
텅 빈 장바닥을 쓸고 가는
바람

17.
밤기차 차창을
빠르게 스쳐 지나는
불빛

18.
달이고 달이어 졸아든 탕약처럼
까맣게 타버린
숯덩이

19.
번개처럼 번쩍이다
고즈넉이 내려앉는
정적

20.
꽃으로 피어
이슬로 스러지는
수수께끼

누군가를 그리워하는 일은

흐린 눈으로 세상을 바라보는 일
보이지 않는 것은 그대로
보지 않는 일은 행복하다.

무엇인가 누구인가 기다리는 일
누군가를 만남보다
누군가를 기다리는 일은 행복하다.

살아 온 날들 살아 갈 날들
모두 기다림 아니고 무엇이랴
해야 할 일 남아있음이 행복하다.

그리움 · 2

서두름의 발목잡고 매달리는
눈 먼 굴레

스스로 쌓은 울타리 안
노라의 노래에 숙명처럼 매달린 끈

오수 자투리까지 들락거리는
말없음의 느낌표

끊을 수 없는 그림자
몇 점의 풍문 남겨놓고

그는 지금 구름으로 떠돌며
천둥이 되려 한다.

토요일 오후에

고갤 저었다.
접어두었던 생각
하찮은 기억들마저 부추겨
머릴 가로저었다.

언제나 채울 수 있는 잔
몇 방울의 물
그러나 내 기다림은
하루해를 멀찍이 앉게 했다.

반쯤 허리를 뽑은 늦 햇살
그림자도 무릎에 엉겼다
등 뒤에 너를 세운다 한들
부질없는 약속인 것을

어린 날
사금파리로 출렁대던
하늘 한 끝도 깨어져나가
나는 혼자가 되었다.

오, 그대
나도 그대마냥
고갤 마주 젓는다.
끝내 돌아서지 못함의
이 토요일 오후엔.

안개꽃

백치 웃음 가지 끝에 매달고
울음 한 끝 자작하게 끓이며
은은한 설렘 아직 마르지 않은 입술로
나긋이 웃는다.

뭉게구름 내려앉은 듯
포근한 이불 솜 펼친 듯
가지마다 작은 등 켜들고
일어서는 소망의 뚜껑을 꼭꼭 닫으며
세상을 아는 듯 모르는 듯
빙긋이 웃다 마는 꽃

좋은 일도 그대로
싫은 일도 그대로
사랑은 작아도 아주 작아도
여럿이 어울려
다른 꽃 돋보이게
늘러리로만 만족한다.

있을 때는 몰라도
없을 때 표가 나는 아내

소나기 · 1

뜰 가득
박수 소리 요란하다.

투명한 꽃들의 축제에
눈이 멀어
귀가 먹어

더 크게
더 높게
나를 부르고

끝이 없이 넘치는 사랑
한꺼번에 무너지는
아 아
아름답던 이야기

향기에 취해
저벅 저벅 발자국 남기며
그는 떠나는가!

추억 속의 향기

— Y에게

그대와 마주 앉은 강변 찻집
곡명을 알 수 없는 피아노 선율에
귀 기울이지 못했네.

서로의 깊은 속 헤아리기 절절하여
마주 앉음으로 기쁨이 되는 사람
안개 속을 걷듯
속으로만 침잠했던 시간들
낙엽의 서걱임 소리 들으며
그대의 슬픈 소식을 들었지
헤어짐이 우리의 뜻이 아님을
서로 만날 수 없음이 우리의 뜻이 아님을

마주앉지 못한 홀로의 자리에
커피 향이 녹아들고 있네.
가라앉은 추억의 조각들
찻집 창틀에 눈발로 와 멎고

잿빛 가을 하늘을 끌어내리는
따스한 그대의 체온으로

한 스푼의 기억을 녹여
그리움을 마시네.

30년 시간의 강을 건너
스무 살 가시네로 다시 선 강변
외면했던 그대의 눈길
이제야 정면으로 바라볼 수 있네.
눈 쌓인 겨울 강을 바라보던 눈
비로소 같은 방향으로
영원히 향해둘 수 있네.

은근한 무게로 다가와
넉넉한 안식이 되는
이 향기 내 사랑.

편지

가두었던 물꼬를 텄다.
더 이상 채울 수 없어
넘쳐 나는 물길
한번 쏟기로 했다.

달래며 뒤채이며
혼자 쌓던 그리움
논두렁길 돌아
그대 가슴 적셔 줄까

솜털까지 세우며 파고드는
용서와 화해의 손짓
비바람을 몰고 왔다.

잊기 위해 가두었던
물길의 트임
내 가슴 두드리는
억센 빗소리.

다시 꽃은 피고

다시 꽃이 피고 있어요.
사월의 하늘 열림의 소리에
사랑이 흐르고 있어요.

펄럭이는 내 날개를 보아요.
소식 몰라 출렁이는 날개 밑을
달리는 생각 한 줄기
강물에 발목 적시며
당신을 향해 타오르고 있어요.

열 번 수무번의 말보다
한 번의 참음이
더 아름다운 슬픔인 것을,
보고 지움 고이 접어서
가슴에 가득 채운 나의 물소리

다시 꽃은 피고
사월의 문고리 따는 기다림
물빛으로 흐르고 있어요.

장미 · 3

기쁨은 잠시 쉬었다 가는 정거장

환한 웃음 뒤란에

초라한 이슬방울로 떨어져 눕는 눈물

스치고 지나는 바람에 향기 실어 보내고

화인으로 찍힌

내 가슴 안쪽을 깨무는 뜨거운 피

가장 쓸쓸한 시간에

가장 아름답게 타오르는 불꽃.

간병 일기 · 1

— 새벽 불빛을 바라보며

불빛이 흐린 것은 밝기가 어두어서만은 아니다.
가라앉은 밤기운이 불빛을 안고 있기 때문이다.
밤기운이 너무 세어 바라보는 이들의 가슴에
무거운 돌 하나씩 안고 있기 때문이다.

보이는 밝기만이 밝음이 아니고
보이는 어둠만이 어둠은 아니다.
어둠 속에 숨어 있는 불빛을 찾아
옴싹달싹 못하는 빛을
속 깊이 사랑해야 보이는 길

서둘지 말 일이다.
절망하지 말 일이다.
아직은 어둠뿐인 길 위에
내 사랑의 불빛은 도도히 차고 일어서는
희망을 기다리기 때문이다.

간병 일기 · 6

주저앉고 마는 의지
쑥처럼 일어서려 연습중이다.
눈물 한 바가지에 밥을 말아먹으며
지는 해를 바라본다.
창밖의 풍경과 나와는 이제 무관한 사이라며
허공을 쫓던 애잔한 당신의 눈빛이
내 눈물 속에 첨벙 떨어진다.
울지 마
씩씩하게 살아
앞을 예견한 말에 다시 목멘다.

2010년 4월 29일
지천으로 핀 영산홍 꽃 속에서
추위에 떨며 파랗게 멍들어 가버린 당신
눈물뿐인 세상에 향기가 너무 짙다.

사랑이여

두근대며 가만 가만 귓속말 하는
그리움의 물줄기를 풀다
꼭꼭 여몄던 사랑의 불길은
아직도 꺼지지 않았는가.
바람에 에이듯 아련한 행복

내 앞에 멈춰 선 장년의 목소리
희미한 기억 속의 얼굴
눈길을 마주하지 못하고
추억의 파도를 탄다.

꿈속에서도 잊지 못한 사람으로
가슴에 남았노라는 그의 얘기가
귓속을 따뜻하게 감싸는데
일상에 묻히면 다시 잊혀진 채
세월은 흐르리라.
간간히 추억을
비밀한 아픔으로 꺼내보면서.

비 · 1

그가 온다는 소식
가슴이 젖는다.

귀를 연 새벽이
좋은 아침이군요.
눈물 나게 속삭인다.

아 하 신기하기도 하지
밤사이 꽃나무들
부끄럽게 눈 떠
자랑스러운 희망하나
하늘로 떠 올린다.

자박자박 걸어오는 실비 소리
아프게 식어버린 서러움
허물어지는 소리

그의 목소리 들린다.
좋은 아침
헛소문이 지고 있다.
슬픔이 녹고 있다.

가을

기다리려네.
가슴에 금이 간 그대 돌아올 시간

뜰에 내려
자분자분 밟고 올
골목길을 쓸어놓고

바람의 보챔에
조금씩 물들어 떨어지는
갈잎의 뜨거운 아픔

타는 그대 이마, 눈 섶에
구서구석 피멍이 들고
풀벌레 자지러진 울음소리

꿈 많은 내 잠 속을 휘젓고
설핏 스치는 눈비 끝 순백의 나라
기다리려네.

가을은 너무 깊어
더 감출 수 없는
무한 비밀의 사랑

제3부

잔설

시장기 베고
다락이나 올려다보던
그래서 더욱 태평한 세월
내 섭섭도 끌어다 묻을 일이다

가을 비

서두르진 않으마.
넉넉하진 않으나
감아 둔 타래 풀어내듯
시름없이 내리마.

적시며 녹이며
마른 소리 챙겨
새 길이라도 틔우는
종종걸음이게 해주마.

귀 열린 오솔길에
산 그림자 벗어놓고
도랑물 흐르듯
내 망설임도 흘려보내마.

살아갈수록 깊어지는
내 주름살
타고 내리는 찬 기운
그러나 서두르진 않으마.

단상 5제

진눈깨비

늦잠에서 소스라치게 놀라 깨어난 아침
하늘은 울상을 짓고
시간은 뒷걸음질 치고 있다.

먹구름

못 다한 말
까맣게 멍이 들어 죽어서
하늘나라 떠다니는가!

비

속살을 어르며 불어대는 피리소리였다가
한바탕 불춤으로 쏟아내는 가슴앓이였다가
거울에 말갛게 다시 보이는 세상살이

놀

선뜻 떠나기 미안해
머뭇거리던 그대
미열로 식은 땀 흘리더니
빨간 손수건 떨어뜨리고 떠났구나.

딸기

어둠 밝히려
조막 주먹에 불 켜들어
풍요로운 세상 땅 위에 펴 널었다.

잔설

서두르지 말 일이다.
玉梅 얕은 가지 밑
타이르지 못한 미움
슬그머니 녹일 일이다.

시장기 베고
다락이나 올려다보던
그래서 더욱 태평한 세월
내 섭섭도 끌어다 묻을 일이다.

변덕 많은 날씨거나
나뭇가지 파고드는 서성임의 한 때
이제 겉옷도 거두어다
덧칠의 모든 것 지울 일이다.

이렇게 내 서두르고 있는 것은
다람쥐 같게 봄에 걸린 빛
추리고 가는 일
슬그머니 일어설 일이다.

입추

하늘 높이 올라앉아
안을 엿보던 햇살
냉큼 뜰로 내려선다.

옷깃을 풀어 헤친 바람도
고개를 까닥이며
때 이른 코스모스의 목을 간질인다.

코스모스 가녀린 허리 굽혀
보일 듯 말 듯 잔물결 치며 웃는다.
여기 저기 문 닫는 소리 들린다.
뻥 뚫린 가슴 여미는 여름이 서럽다.

강

강은 내 안에 줄기를 뻗어 흐른다.
사유 속을 흐르고 사유 밖으로 밀려 난다.
지치지 않는 희망의 물줄기로
가슴 한복판을 가로 지른다.

버리고 버려도 흘러넘치는 사랑
태어나고 소멸하는 갈등의 자리에
눈부신 노을을 타고 귀의 하는
유연한 속살을 훤히 내보이는
강의 명징함이여

깊은 울음을 떨어뜨리며 물새는 날아가고
내 보일 수 없는 꿈은
물 속 깊이 숨소리마저 감춘 채
꿈쩍 하지 않는 바위 툭툭 쳐본다.

나무

말하지 않아도 나무도 나이를 먹는다.
서서 자고
서서 먹고
서서 큰다.
새싹일 때의 희망이 푸름으로 짙어지면
더하기를 하지 않아도 저절로 어른이 되고
가을이 빨갛고 노란 손을 흔들며
어깨 위에 분분히 내릴 때
묵은 나이를 치켜들고
나무는 볼 품 없이 고개를 떨어뜨리지만
봄이 되면 다시 고개를 들어
새 옷을 갈아입고 나설 차비를 하며
언제나 서 있음을 행복해 한다.

가을 장미

신기해라
바람 머문 담장 위
하늘 향해 피어난 가을 장미

찬 서리에 휘감긴 새벽을 맞아
청량한 초여름 황홀을 생각하며
살아있음은 오, 기쁨

세속의 길에서
때아니게 일어나는 일들이
어디 하나 둘이랴.
비닐하우스 속
엄동에도 새파랗게 싹은 트고 지고

이상 기온에 애처롭게 핀
쓸쓸한 가을 몇 송이
나이를 잊고 싶은 내가
시듦없이 피었다.

대상포진 · 2

떠나주어 고맙다 했는데
주춤거리지 않고 가주어 진정 고맙다 했는데
한번 왔다 가면 다시는 올 수 없는 홍역으로 여겼는데
무슨 미련이 남아 슬그머니 옆구리 차고 앉아
자신의 건재를 알리려 하나

눈에 보이지 않는 바이러스
굳이 보이며 붉어져 나오는 싹수없는 짓
어디 너 뿐이랴.

생각 없이 던지는 말 한마디에도
가슴을 쥐어뜯는 균이 있고 독이 묻어있다.
도처에 도사린 바이러스는 스트레스를 부르고
그것이 쌓이면 붉어져 나오기 마련

버티고 앉기 전에 퇴치해야 할 일
싹을 잘라 버릴 일
가슴 속 응어리 터뜨려버릴 일이다.

겨울나무

잿빛으로 낮아진 하늘 아래
벌서듯 서 있는 그리움

하늘 향해
소리쳐 보려 하지만
바람이 막아서고
쓰러질 듯 휘어진 등뼈
오직 고집으로 꼿꼿이 세우네.

추울수록 옷을 벗어
자신을 매질하는 나무
머리 위 서릿발
하얗게 내려 있느니

안타까운 나이만 가지마다 걸려
털어버리지 못한 미망의 아픔
깊이 감추네.

2월의 정경

낮게 내려 좌정한 하늘 아래 육중한 몸 흔들어 산은 눈을 털고 구름 한 덩이 산허리에 걸터앉아 마른 풀잎 위에 내려와 조는 햇살 굽어보며 겨우내 실어증에 시달리다 다시 말문을 터 재잘대기 시작하는 시냇물에 막 목욕을 끝낸 흙이 들썩 들썩 어린 싹들의 잠을 깨우고 다닌다.

마른 억새

바람만 떼 지어 다니는 강둑
빈 손 흔들어 표표히 강을 건너 온
은발의 촌부
향기도 빛남도 모른 채
막막한 슬픔에 기대어 운다.

후려치고 지나는 바람에
티끌 되어 날아가 버릴 것 같은
가벼움으로 하얗게 세어
버석버석 말라가는
찢길 자존

누군가 꺾어 볼 생각 한 번
품어본 적 없이
빠르게 지나는 세월 속에
맥없이 무너져 내려
허무의 춤을 추는 창백한 나

하늘은 나에게 부끄러움을 말해줘
저절로 고개 숙이게 한다.
깊은 상처 누구에게 기댈 수도

하소연 할 수도 없는 마른 몸
흐르는 시간에 묻으려 한다.

대추

예고 없이 지나가는 몇 번의 바람이
나뭇가지에 슬그머니 시름을 얹고 간다.
젊디젊은 풋사랑 돌려보내고
붉게 익어가는 중년
욕망이 하늘로 치솟아 조글조글 주름져 가지만
더 오를 데 없는 꿈이 영근
그 맛은 더욱 달다.
풋내 나는 젊음이 아닌 진한 맛
거스를 수 없는 시간의 잔해.

선인장 꽃

이런 날도 있었던가!
일 년에 단 한번
자신을 위해
촉수 들고 일어섰다.

모래 벌을 꿈꾸며 기다리다
기대치를 넘는
하루만의 충만으로
활짝 웃었다.

가시 돋친 말일랑 하지말자
광활한 벌판을 달리며
불 켜든 다섯 손가락

가시로 온 몸 찔림에
찐득이는 아픔이 사무치는 열정
송두리째 태운 죽음
나를 뜨겁게 깨워주었다.

선인장

시퍼런 살 등에 가시를 세운다.
하루만의 충만을 위해 피를 흘리며
빨간 꽃을 피우는 당당함이여
가시를 길러야만 하는 붉은 피의 아픔보다
아름다움에 취해 웃는구나.
찰나의 황홀 뒤에 사라지는 것
무서운 칼이다.

수박

함부로 써버린 날들이
죄의 씨앗이 되어
점점이 박혀있다.
속내를 드러낸 내 눈치 없음이
빨갛게 달아오른 얼굴로
기다림의 대열에 끼어서고

절망의 씨앗으로 여문 사랑
혀 밑에 달콤한 아픔으로 고여
갈증을 해소 하려는 사람들의 목을 넘어
또 다른 갈증을 부른다.

달콤함에 중독 된 혀들은 감각을 잃은 채
내장 속에 들어가 제 세상인양 휘젓고 다닌다.
진실을 잊은 지 오래인 어리석음
맥없이 빠져 든 중독에 동화되어 간다.

이끼

세상도 물처럼 흘러야 썩지 않거늘
흐르지 못한 기다림이
바위에 푸른 옷을 입힌다.
장애물이 있을 때 부드럽게 싸고돌아
물은 제 길을 간다.
그러나 여전히 바위 밑은 푸르다.
주춤거리는 그리움이 있기 때문이다.
머뭇거리는 슬픔이 있기 때문이다.

어우동

죄 없는 자여 돌을 던져라!

시대를 초월했네.
세월을 앞당겼네.
규방의 여인
자유의 불빛은 화려했네.
양반의 지성을 파헤친
시퍼런 칼날이었네.
높디높은 궁궐 담을 넘어
하늘을 부유했네.

지명의 산책

눈꺼풀 내리덮는 새벽잠 밀치고
깨어나는 하루를 앞에 세운다.

칼칼한 혓바닥에 냉수 한사발로
빈 내장을 훑어내면
온 밤 땀에 절어 꾸어온
어지러운 꿈들 흔적 없이 지워진다.

갈라진 논바닥 같은 육신의 그루터기
모래바람 불어
시린 관절마다 아파라소리치는 소리
공허한 울림 강물 빛을 떨게 한다.

안개에 길든 새벽
건강을 염려하는 조바심 곤두세워
강변 둑을 내달린다.

물기 마른 억새풀 서걱대지만
구름 위 떠가듯 가벼워진 마음
느슨히 풀어놓고 걸어볼 일이다

낡고 삭아 바스락대는 지명에
빈 껍질 일으켜 세워
꼿꼿이 서 볼 일이다.
살아있음 보여줄 일이다.

허수아비 · 2

적막 한 끝을 디디고 서 있다.

목을 느린 슬픔
옷자락에 떨어뜨리며

갈앉은 목청 뽑아보는
아득한 내 울림

털어버리기엔 너무 늦었는가!
이 허접스런 뉘우침

함구의 더운 몸짓으로
목 쉬어 잠겨드는 가을의 잔해
혼자 남아 챙기고 있다.

제4부

무 밭에서

|

은혜의 뙤약볕에
더펄머리 사래 치며
스스로를 익히는 법
내다 볼 줄은 아느니
세상사는 법도
또한 배워야 하느니

무 밭에서

세상도 볼 줄은 알아야 하느니
뜨거움 하나만 해도
단단하고 매끄럽게
잔뜩 흙내음 묻혀야 하느니
땅 속 깊이
번개와 천둥, 서리와 안개
소낙비마저 감추어 두고
오직 하나 사랑의 뜻 세워
몸 일으켜야 하느니
은혜의 뙤약볕에
더펄머리 사래 치며
스스로를 익히는 법
내다 볼 줄은 아느니
세상사는 법도
또한 배워야 하느니.

주소록을 정리하며

묵은 이름들 속에서
다시 부를 수 없는 이름들과 마주친다.
두 줄을 긋는다.

줄을 긋는 손끝이 저리다.
논에서 피를 뽑아내듯
빼낼 이름들을 가려내면서
가슴에 덜컥 돌 하나 걸린다.

한자리에 서 있지 못하고 서성이다 만
추억의 뭉치들이 떠나가 버리는 날
나의 꿈도 강물에 풀려 밀려나고
머물 곳이 아님을 알게 되었을 때

지난 시간들에 묻힌 나의 이름을 주워들고
누군가도 좍좍 줄을 긋겠지
잊어야할, 잊혀가는 이름으로…
떨림과 연민으로 한동안 아파하며.

손톱을 깎으며

끝맺음이 서툴러
늘 상 미련을 남기며
밖으로 밀려난 여분만을 자르고
금간 마음 깎아내
초승달로 떨어뜨리는 생의 줄기

등 돌릴 사이 없이 다시 자라는
근심 걱정이
더욱 견고한 화해로
뿌리에 이어질 예감에
넉넉하게 웃을 때

반 쯤 남은 나의 염원이
결별과 손잡고
제자리에 들어선다.

단추

겨울나기 그리 쉬운가!
사나운 바람 피할 만큼
단단히 붙들어 매어야 한다.

세상 한복판에 주저앉아
일으켜 주길 기다리지 말 일
염불 외듯 동여매지만
파고드는 찬 기운

하늘에 찬별 총총 빛나듯
나란히 줄 서 있는
눈에 보이는 질서
또한 아름답거늘

떨어져 나앉지 말 일이다
폐수가 앓고 있는 땅 속에 묻히면
썩지도 못한 플라스틱 조각일 뿐
싹은 틀 수 없으리.

보이지 않는 슬픈 낙하로
치받치는 속앓이

잠재우기 위하여
가슴에 자란 별로 떠야한다.

겨울 갈대

바람과 맞선 날 무딘 조선 낫
녹슨 내 목소리가 울고
꺾인 의지에 폭설이 내린다.

칼칼한 역사 잠들게 하고
무덤만 늘어나는 산등성이

쓰레기를 쓸어내듯
잊어야 할 이름들 지우며
호기 없이 흔드는 깃발

마중하는 바람에 허리 꺾어
강둑에 쓰러지는 목숨
잠들지 못하는 내 울음 밑둥을
어루만지고 있다.

다림질을 하며

꽃으로 피어나고 싶다.
이우는 세월 뛰어 넘어
유년의 뜰에 활짝 핀 넝쿨장미로

기운차게 뻗어 올라
타는 빛살에
싸늘히 식어진 심장 태우고
그대 속없이 사랑하고 싶다.

오그린 팔다리 깊이 패인 주름
눈물자국, 가슴의 피멍까지도
반반하고 매끄럽게 밀어내고

한줌 재도 남김없이 날려
살아 온 날들
살아 갈 날들
속살까지 불에 덴 사랑
흔적 없이 지워
새하얀 백지로 남고 싶다.

머리를 빗으며

다 내어주겠습니다.
헝거운 생각의 물결을 빗질 하면서
빈 손 흔드는 꽃씨 같은 그리움
빗줄기로 흘리겠습니다.

한낮을 뛰어넘은 하루
금간 가슴 이랑에
먹물의 선을 그며 헝클어지는 타래실
쌓인 인연들
돌아서다 되돌아보는 당신의 눈빛도
안개 걷듯 걷어내겠습니다.

목소리 낮춘 소망의 빛 여울로 흘러
단단한 흙 위에 뿌리내리는
여자의 자리
출렁이는 허물을 벗어
연연한 비단실 뽑아 올리겠습니다.

미역의 하루

물 밖을 모른다.
소금기로 젖은 머리채 툭툭 털어내며
물결에 내 맡긴 자유로운 하루
끝내 잡히지 않는
풀머리로 서성인다.

속속들이 삭은 가슴 풀어
티치고 싶은 신열
바다는 늘 끌어들이고
비린 슬픔 한 가닥씩 씻어내
펄펄하게 살아나는 손사래이고 싶다.

출렁이다 무너지는 진초록 오기
내 언제 물 밖을 꿈꾸었던가!
속을 저린 이름 하나
터놓고 불러 보았던가!

비누

풀어질 일이다
아끼며 조금씩 사유를 풀어
물과 함께 어울릴 일이다.

어울려 흐름은 힘이 있다
어울릴 때마다 부풀어 오르는 희망
도도한 향기까지
서서히 내어 줄 일이다.

나를 흔들어 깨우는
어리석음도 안아 감고 휘도는 영혼
축나는 몸피 아까워 할 일이 아니다.

시간은 흐르고
늘 젖어있는 세상 속에서
거품으로 미어지는 속가슴
풀어놓기로 한다.
새하얀 얼굴로 다시 태어날 일이다.

곰팡이

구미(口味) 밖으로 밀려난
억울한 사연들이 오순도손 모여 사는 동네
살찐 죄의 내장이 썩어
내비치는 부끄러운 유희
힘센 바퀴벌레에 몸뚱일 맡기지만
바늘귀만한 구멍에다 희망을 거는
발효 된 푸른 꿈과
땀 내 절은 그대 마음 얽히어
어둠을 스륵스륵 갉아먹는 우기
햇빛 한 폭 그리워하다, 그리워하다
병이 꽃으로 피어
시름시름 앓고 있는 탐욕이여.
오골대는 그대 꿈자리
한 올의 빛도 허락받지 못해
청소금을 뿌려주길 기다릴 뿐
빈손으로 묻히는 하늘의 주검을 보아라.

세도

파도가 모래벌판의 엉덩짝을 후려치고 지난다.
한 무리의 웃음이 하늘로 날아오르다.
일순에 벼락을 맞고 쓰러지다.

병상일지 · 1

— 새벽

미명을 데리고 하루가 일어선다.
기회만 노리던 불면은 신났다.
식은 땀 속에 갇힌 몸 구석구석
실핏줄까지 깨워 일으켜야지.

서늘한 일상이 수런대며 또아리를 틀고
뼈마디 사이 아픔이 뜨겁다
밤사이 보채던 꿈과 어지러운 불빛
떠오르는 햇살에 흩어져 날린다.

잠시의 휴식에 긴장을 풀어헤친 휠체어
나사를 다시 조여 고단함을 떠맡는다.
사는 일, 휠체어 방향을 잡아 운전하는 일
곧은 길, 구부러진 길, 장애물을 피해 다녀야지.

쓸쓸한 평화에도 어느덧 길들어
검은 장막은 걷히고
사유도 접어두어야 하는 시간
생살 돋는 아픔 일으켜 세운다.

병상에서

꿈을 꾸었지.
나비 한 마리
기억을 붙잡으려
이승의 변두리를 헤매다
바다에 추락하고
비틀대는 생의 빛살
달콤한 마취제에 취해
몽롱이 풀어지고 있었다.

거듭나는 주사지국을 어루만지며
생의 욕망 앞에
무릎 꿇는 의지여
벗어던져야 할 욕심을
버리지 못한 곁눈질은
언제쯤 끝나려는지
소생의 알약이
독버섯으로 몸 속 깊이 뿌리 내린다.

혼몽한 눈 들어 하늘을 보면
수척한 아버지의 뒷모습
다하지 못한 자식 사랑에
눈감지 못한 천상의 기도소리 들린다.

대기실에서

기다리는 일은 남아
마른 바람에 꺾인 생각의 꼭지
저무는 해에 걸어놓고 서성이는데

날개 접은 새 한 마리
초조로움에 발목 잡혀
햇살 한줌 움켜쥔다.

아슴한 기억으로 달려와
고개 드는 열아홉 나이
이제 다 떠나보낸 이름들을 불러 세우고

아무래도 벗어던질 수 없는
아직은 창창한 기다림
빈 의자에 앉아 부신 아픔을 접고 있다.
허드레 구름장 뜯어내고 있다.

소금

강바닥에 질펀하게 누워
파도치는 대로 부대끼며 흐르고 흐르다
스르르 몸을 말리는 자존
부활을 꿈꾸며 타는 속내 다독인다.

설움을 온몸으로 비벼 끄고
할퀸 세월 훠이 훠이
가식을 벗어버린 알몸의 독백
차가운 냉소가 번득인다.

따가운 햇볕과 울울한 바람을 맞으며
얻어 쓴 시간 모두 쏟아놓고
소멸과 생성을 거듭한 한 생
당당한 표정 뒤에 감춘 강한 의지
너의 짠맛을 이제야 깨닫나니
짠맛이여 사랑이었네.

소문 · 1

입술 끝에 달싹이던 말들이
자유롭게 부풀어 오른다.
풀잎에 살짝 앉았다가
강변도로에 털썩 주저앉아
야곰야곰 씨를 떨어뜨린다.

누구라 가꾸지 않아도
꽃은 무성하게 피어나고
무더기로 날아다니는 꽃가루
허공중에 떠돌다 길을 잃었다.

아무렇게나 내둘러 쓴 낙서처럼
흠집투성이 몸뚱이가 되어
풀어져 버린 바람의 등을 타고
이곳저곳 기웃대며 들쑤시고 다닌다.

고향을 알 수 없는
종창 역을 알 수 없는
벼랑에 매달려 대롱거리는 말
꼬리 내리는 일만 남았는가!

소문 · 2

속 깊이 감추어야지
명치끝에 매달려 몸살 앓는
터질 것 같은 봇물

비밀의 문을 헤집고 살아나
궤도를 이탈한 철로 위를 달리고
기웃대는 눈빛들이 현란한 밤
말들이 서로 엉켜 흐른다.

새로운 하늘을 향하여
덜 깬 꿈을 싣고 떠나는
빗소리가 소문의 꼬리를 문다.

나의 가슴에
너의 가슴에
비수를 꽂고 스러지는
개운치 못한 안개 같은 것

망설임의 지렛대에 걸려
풍문이 되어 퍼지면서
난다, 날아다닌다.

콩나물

머리 위에 퍼부어지는 물 세례에
도지는 어지럼증 어쩌지 못해
속을 끓이며 고물거려도
음습한 검은 천 밑
하루 밤새 쑥쑥 자라나
가지런히 커 가는 희망
사는 일 어디 그리 만만 하다더냐.
서로 등 비비며 살도 쪄야지
허리 구부려 눈치도 보면서
투명한 슬픔
잔뿌리를 키우다
성깔 사나운 시대에
머리채 잡혀
뽑혀나간 형제자매 자리
맹물 마시며 다시 자라나 채우는
콩 껍질 뒤집어 쓴 세상살이
온갖 비 지나보내고
이른 아침상 해장국으로 가로 누웠구나.

여자의 외출

새가 된다.
차라리 널부러진 날개를 단
풀려진 시간이 된다.
잔뜩 태엽을 먹고
쏜살같이 달리는 분침이 된다.

비가 뿌려지는 이 가을의 한 때는
가질 수 없는 것들을 찾으려
손금 속에 그려 넣은 지도의
한 방향이 되어 본다.

내가 쌓아놓은 근심
덧붙여 울타리로 막은 인내의 담장
구름은 언제나 떠돌며
내 시야를 흐리게 한다.

마음껏 깃털을 나부끼며
깨어나는 가슴이게
빛살을 그어대며
오늘만은 훨훨 날을 수 있는
새가 된다.

달리는 시간이 된다.
총알 같은 화살이 되어 떠돈다.

일력을 떼어내며

버리기 시작해야지
먼지 털어내듯
쓸 데 없는 것들은
싹 밀어내어야지.

부산한 뜰에
잠시 너풀거리던 색색의 꽃
겉치레뿐인 이 가슴마저도
하루를 지워내듯 쓸어내어야지.

안부 묻고 싶어도
입속말이 되고 마는
그런 날 그런 삶
이 하릴없는 저림의 쌓임
일력 떼듯 버려야 하리.

낱낱이 챙겨 넣은 약속들
떠나야 할 시간들
쌓인 서랍을 열어젖히고
빗질하듯 말끔히 버려야 하리.

이승의 끝머리
안개 속을 헤집는 내 손
언제나 그러하듯
버려야 하리, 뜯어내어야 하리.

제5부

중학동 일기

손수레에 새벽을 끌고 가는
어머니 발자국에
아침 햇살이 고이고
동구 밖 미루나무 가지에
까치가 울었다

지는 해 · 1

떠나야 하리
이제
한 점 붉은 살점으로 남아서

고통이 무늬 진
열망이 남아
미루나무 가지 끝에 걸린
희망의 빗살

타는 가슴 피워 올리는
늘상 오는 손님이 되어
도시를 끌고 가는
날개 벗어 던진 빨간 울음

연기로 번지는 어둠 속에 만발한 꽃
뜨거웠던 세상의 무거운 약속들을
하나 둘 떨구고

가슴의 빈자리를 쓰다듬으며
하루를 눕히는 나의 아버지여.

지는 해 · 2

그가 길을 튼다.
몽땅 풀어놓아
숯불로 타고 있는 바다에
터진 심장도 훨훨 태운다.

나부끼는 너털웃음
되받는 산울림
사라짐은 결코 숨는 것이 아니니

때가 되면 이리되는 신비
서럽던 일 아팠던 일
모두 내 탓이니

골고루 사랑을 나눠주어도
쉬 줄지 않는
만선의 넉넉함으로 서 있는 아버지

그 큰 뜨거움으로 길을 열고
그가 튼 길속에
내가 빠질 차례다.

지는 해 · 3

아직은 버릴 일 너무 많은데
삽시간에 뛰어든 불길
온 하늘을 삼켰네.

푹푹 타오르다
터져버린 성난 파도
길길이 뛰고

가끔은 헛소리도 펑펑 치며
눈물 보이지 않고 사시더니
아들 딸 7남매 대나무로 키워
솔 숲 같은 근심 걱정 털어 낸다더니

철 이른 된서리에 그림자마저 걷고
60평생 눕혀 버린 아비지
굽은 잔등에 화인으로 찍힌
식어버린 햇덩이 하나.

지는 해 · 5

하늘은 셀비어 꽃밭
붉디붉은 꽃잎
뜨겁게 펼쳐
하늘 적시는 홍건한 사랑
강렬한 몸짓의 출렁임

짧은 생애
바다에 투신하여
지친 영혼 길게 뉘인
찬란한 아픔이여

슬픔이 이토록 아름다운 줄
이제 알았네.
한세상 품안 가득 싸안기까지
마지막 빛살을 쏟는 아버지

그대의 서러운 종말
따뜻한 등불로 스러지고 있구나.
내 사는 하늘에
빨간 꽃으로 피어나고 있구나.

지는 해 · 6

그대는 어둠 마중하러 떠나고
많은 약속들 이별을 향해 달린다.

거센 파도를 헤집고 달려 온
아버지의 세월
숨겨진 울음 왜 없으랴
그늘진 어둠 왜 없으랴.

하고 싶은 이야기 남아
낮과 밤 뜨거운 가슴으로
하늘과 바다를 넘나들고 있는가!

잠들지 못한 불타는 사랑
절망의 그늘 아래 서 있는 내게
슬픈 눈으로 바라보지 말라하네.

내일이면 다시 태어날 희망
허망한 화평 속에 묻어 두고
아름다운 꽃으로 피어나리니
오래 오래 흔드는 붉은 손수건.

개나리

외갓집 제삿밥 이고
돌담길 돌아
현기증 추스르며
어둠 휘휘 내저어
종종걸음 치던
어머니의 핏기 없는 얼굴.

고추를 말리며

가을이 문을 연다.

고개 빳빳이 세운 늦더위
흐느적이는 햇발로
많은 것들을 익혀 눕히고
설설한 바람과 긴 매미 울음까지
끌어 들인다.

수직으로 내리꽂히는
햇살에 온몸 내맡긴 채
옥상에 누워 마르는 풋내
마를수록 말간 속내 드러낸다.

정성껏 뒤적이어
들끓는 미움일랑 바삭하게 말린다.
익지 않고는 견디지 못할
탱글탱글한 내 소망의 씨앗
걷어 들인다.

금강

갈꽃을 휘젓는 바람에 실려
강물 위에 떨어진 빛바랜 세월
상처 속 고름을 씻는다.

문명이 날을 세운
이기심의 칼끝을 씻고 또 씻어
펼쳐 널은 슬픈 옷자락
헤집어 건져낸 나의 고향
순하게 모여 흐르는 강물이여.

눈물 넘치는 은혜로
흘러가고 흘러오는 당당한 이 고독
습기 찬 세상살이 유혹을 거부하며
사랑의 뿌리로 흐르는
유순한 용서의 샘
재우지 못한 꿈이 문을 연다.

햇발 출렁이는 모래 위에
밀려와 쌓이는 하늘 소리 들으며
건강한 맨발로 돌아오는
청정한 천년 너의 목소리

험해진 시대의 상채기를 어루만지는
나의 어머니
나의 어머니

다소곳이 숨죽이며 깊고 또 깊게 흘러
영원으로 젖어가는
양반의 수줍음이여.

서로가 서로의 우산이 되길

— 아들 결혼 축시

하늘이 열리고
사랑의 물길이 트인 날
쏟아지는 축복의 햇살 가득하여라.

아름다운 약속 간직한 채
큰 산을 키우고
강물을 흐르게 하고
서로에게 시원한 물이 되어
잎을 피우고 꽃을 피우리니.

곧게 뻗어간 길만 있는 것이 아니니
자갈길 구부러진 길도 있으리
때로 눈도 비도 맞게 되리
그러나 머뭇거리지 말 일이다.
함께 걸으면 걸을수록 좋은 사람 되어
서로가 서로의 우산이 되길

너무 커서 잡을 수 없고
맹목적이어서 더 아름다울 수 있는 것이 사랑이니
첫 만남의 떨림을 오롯이 간직한 채
예쁜 눈보다 빛나는 눈빛으로

바라볼 수 있는 하늘을 만들면
그 하늘에는 향기 가득한 웃음꽃
애드벌룬으로 떠오르리라.

바람이 늘 시원하기만 할까
하늘이 맑기만 할까마는
하나와 하나가 만나 둘이 되는 것이 아니라
서로가 반씩 버리고
다시 하나가 되는 것이 부부이니
은근한 설램으로 참으며 기다리어
윤기 흐르는 촉촉한 땅을 일구기를

겨울이 새침한 얼굴로 우리 곁에 서 있지만
가슴에 타오르는 사랑의 불길에
스르르 녹아드는 축복의 날
이루어야할 꿈을 조금씩 꺼내들고
서두름 없이 계단을 오르는 것이리라.
무한한 내일만을 향해 초심으로
서로가 서로의 길이 되어 걸어가기를.

2003년 1월 12일 어머니가

아직은 푸른 잎

예고 없이 떨어지고 말았습니다.
아직은 푸른 잎
튼실한 나무둥치에
우람하게 뻗어가던 일곱 가지
물기 마를 날 아직 먼데
비, 바람에 시달려 꺾여버린 나뭇가지 하나.
.
차마 믿을 수 없어 도리질을 합니다.
어린 날 배우던 재롱이라면
그러나 미어져 나오는 눈물이
꿈이 아님을 말해줍니다.

순한 눈빛의 영정 앞에서
자꾸만 흐려지는 눈
좀 더 다정한 누이였으면
후회의 가슴은 쓰리고
육탈한 영혼 새가 되어 날아가기를

뼈가 녹아 땅 깊이 스미면
맑은 물이 되리니
흐르고 흘러 강물과 섞이고

바다로 합쳐지리니
바다 위에 장엄하게 떠오르는
태양으로 다시 보마.

우기에

폭 젖는 일
잠기는 일은 쉬워
소금 등짐 내려놓고
눌러 앉았네.

습습한 향기는
번득이는 혓바닥 날름거리며
세상 구석을 헤매고
하늘은 징징거리며
온 종일을 울고 서성이네.

쏟아도 흘릴 눈물 있다면
그대 마른 가슴에
강줄기로 흐르고 싶네.

사랑은 폭 젖는 일
아낌없이 잠기는 일
근심으로 절은 반생
풀어 놓았네
빠져 버리려네.

허수아비

심지 하나 굳으면 되리니
든든한 중시의 대못으로 들판에 서서
양팔에 매달린 책임의 무게
스스로 싸안을 힘을 길렀다.

생활이란 파도를 타고 출렁이다
몰아치는 물살에 부대낀 찢어진 옷자락
새들의 놀이터가 된 밀짚모
구겨진 자존심으로 주저앉았다.

명퇴 바람을 맞아
굳은 심지에 상처를 낸 권위
헛기침만 울릴 뿐
기진해 말을 잃은
그림자로 서 있는 허수아비

알곡으로 수매되어 떠나간 자식들
발자국을 지켜보며
세월의 무게에 눌려
헛간에 덤불로 쓰러져 눕는
아버지, 아버지.

중학동 일기 · 1

산수화 한 폭으로 걸려있다.
이마 맞댄 인정의 연기
봉황산을 날아
하늘은 잘금잘금 진주홍 꽃강.

중학동 일기 · 2

제사 밥 넘겨받던 탱자울 안
어머니 보조개
빗물 고일 듯싶더니
노을에 갈린 잔주름
금간 신작로 되었네.

중학동 일기 · 3

뒤란 정지문 밖 60년 시간의 때
주름 속에 꽉꽉 박아 넣고
쪼그리고 앉아있는
할머니 세월
고욤나무 그루터기.

중학동 일기 · 12

평상 위
펼쳐놓은 다감한 정
내밀한 아픔일랑 밀치고

쟁반 위
속 드러낸 수박
속 찬 마음 펼쳐놓고

기억의 물레에서
빠져 나온 추억들
온 가족 불러놓고

기막힌 사랑 하나
쪽지 골 사립문으로
삐걱대며 실려 오고.

중학동 일기 · 19

— 중년의 일기

유년의 겨울은 옹달이었다.
추위는 뒤뜰 고염나무 주위를 서성이고
고염나무 가지에 대롱거리는 가난이
매운바람을 빌려
빈 호주머니를 털어냈다.

한웅큼 먼지만 움켜쥐고
만져지지 않는 미래를 그리워하며
매번 탈출을 연습했다.
아버지의 궁핍을
어머니의 한숨을
바람이 창문을 흔들 때
우리는 우우 소리 지르며 울었다.

때늦은 후회로 서늘한 지명에서야
옹달진 가난을 이야기 하며 웃는다.
일곱 남매 각자의 등을 보이며 걸어가지만
우리는 한 우산 밑에 모여 서있던
사랑을 기억하기 때문이다.

중학동 일기 · 27

— 할미꽃

손수레에 새벽을 끌고 가는
어머니 발자국에
아침 햇살이 고이고
동구 밖 미루나무 가지에
까치가 울었다.

수십 년 집 밖을 서성이다
이이면 초봉리 고향 집터에
다시 찾아오신 어머니
빛바랜 어린 날의 추억을 들추며
은은한 정의 고리를 꿰어주신다.

아직도 끝내지 못한 자식 사랑
봄비로 가만히 말씀해 주시고
관 위에 뿌려지는 국화 꽃잎은
용서를 비는 6남매의 눈물이 되어
흙을 적신다.

가난이나 슬픔, 아픔을 모두 싸안고
아버님 곁에 조용히 누우신 어머니
뼛속에 피멍이 들도록 잊지 못하는

서러운 이름 큰 아들 누운 자리 굽어보시려
할미꽃으로 피어나실까.

중학동 일기 · 28

— 어머니 누우신 자리

멀어질수록 더 가까이 다가와
마중하는 어머니
한 떨기 할미꽃으로 피어
기다림의 귀 살폿 연다.

공주시 이인면 초봉리
양지바른 고향집 터 봄 눈 속에
주민등록 주소를 옮기신 당신께
때 늦은 후회의 술 한 잔 올린다.

시장에서, 버스 속에서
건널목에서 신호 대기 중
순간순간 살아나는 애잔한 풀꽃
가슴을 찌른다.

질긴 사랑 언저리만 맴돌며
미련의 끈을 잡고 올려다보니
서럽게 놓아버린 하늘엔
안개만 가득
먼 산을 지우고 있다.

■ 시인의 말

중학교 1학년 때로 기억된다.

여름방학 과제물 중 글짓기 숙제 시 두 편을 쓰기 위해 날마다 시를 흉내 내어 표지까지 근사하게 그려서 두툼한 한 권의 문집을 묶어 낸 적이 있다. 그때 담임선생님의 칭찬의 말씀이 나에게 시를 쓰게 된 계기를 만들어 준 셈이다.

삶의 미로 속에서 헤어나지 못하고 발등 위에 떨어진 불을 끄기 위해 급급했던 나날 속에서도 정신은 바람이 되어 떠돌았던 듯싶다. 오랫동안 움츠림과 머뭇거림으로 떠돌던 말 들을 불러 모아 한권의 책으로 엮는다.

외로움과 절망과 노여움의 숲에서 헤어나려 애쓰던 나의 본질을 불러 앉히려하니 새삼 설레고 부끄럽다. 명주실이 되진 못하지만 평범한 일상의 물레를 돌리며 자아낸 것들이니 무명실로 짠 나의 시들이 폭풍이나 돌풍이 아닌 미풍이 되어 이 글을 읽는 이들의 가슴에 따뜻함을 안겨주기를 빌 뿐이다

위의 글은1986년 월간문학 신인상 등단 이후 2년만인 1988년에 낸 첫 시집 『바람의 말』 말미에 쓴 시인의 말 일부다. 그 이후 30년 동안 4권의 시집을 더해 5권의 시집을 낸 것을 다시 읽어보며, 작품 100편으로 다시 시집으로 엮는다.

첫 시집을 냈을 때의 감동과 열정 그리고 다짐을 되살려보고 게을렀던 나를 다시 추스르기 위하여 첫 시집의 시인의 말을 꺼내보았다.

내 탓이오 후회하며
또 탓을 만드는 여자

갠 날 흐린 날
표정이 없는 여자

늘 지각해
혼자 달리는 꿈을 꾸는 여자

맨발인 채 헛디딘 시간 밖을
서성이는 여자

자라는 슬픔을 아파하면서
그 슬픔의 등을 쓰다듬는 여자

1993년에 낸 제 2시집 『누군가를 그리워하는 일은』의 자서인데 40년 동안 시집살이를 하면서 늘 소심하고 걱정이 많아 항상 초조한 꿈을 꾸며 주저하면서 살아 온 셈이다. 오랫동안 살던 부사동 집을 떠나 중촌동에 살면서 시를 향해 끝없이 퍼부었던 나의 짝사랑을 담은 세 번째 시집 『추억의 강물은 잠들지 못한다』를 1996년에 냈고, 79세를 일기로 세상을 떠나신 어머니를 그린 네 번째 시집 『중학동 일기』가 2003년에 나왔다. 나의 고향 '공주시 중학동 79번지'는 부모님과 함께 영원히 잊지 못하는 아름다운 곳으로 내 가슴에 남아 있다. 그 후 시집살이와 시어머니의 오랜 병환과 별세, 그리고 남편의 암 투병이 겹쳐 10여년 작품집을 내지 못했다. 여러 이유를 대지만 결국은 나의 게으른 소치임을 부정할 수 없다. 2010년 4월 영산홍 꽃 속에서 내 곁은 떠나버린 남편을 그리며 쓴 제5시집 『사랑한다는 것은』을 2012년에 냈다.

문단에 들어선 지 30년을 넘긴 70대에 들어서 지금까지의 나의 시력을 돌아보는 의미에서 조심스럽게 그리고 첫 시집을 낼 때의 설렘으로 시집을 엮는다.

여전히 미미한 햇살이나마 이 글을 읽는 분들께 따뜻한 위로가 되기를 기원한다. 시집을 엮는데 힘을 써주신 오늘의 문학사 리헌석 대표님, 이미란 편집장님, 그리고 직원들께 감사의 말씀을 드린다.

노은 서실에서

최 자영

내 안의 그대

최자영 시집

발 행 일 | 2017년 10월 25일
지 은 이 | 최자영
발 행 인 | 李憲錫
발 행 처 | 오늘의문학사
출판등록 | 제55호(1993년 6월 23일)
주 소 | 대전광역시 동구 대전로 867번길 52(한밭오피스텔 401호)
전화번호 | (042)624-2980
팩시밀리 | (042)628-2983
전자우편 | hs2980@hanmail.net
카 페 | cafe.daum.net/gljang(문학사랑 글짱들)
cafe.daum.net/art-i-ma(아트매거진)

공 급 처 | 한국출판협동조합
주문전화 | (070)7119-1752
팩시밀리 | (031)944-8234~6

ISBN 978-89-5669-855-7
값 9,000원

* 이 책은 교보문고에서 E-Book(전자책)으로 제작 · 판매합니다.
* 잘못 제작된 책은 바꾸어 드립니다.